楽しく知ろう バリアフリー からだをたすける道具

あったらいいな、こんな車いす

著　斎藤多加子

汐文社
ちょうぶんしゃ

「あったらいいな」が「ある」になる

　もし、空飛ぶ足があったら。もし、うんとのびる腕があったら。もし、超スピードで移動できるいすがあったら……。

　そんな道具があったら、だれだってヒーローになってカッコつけたり、とんでもないイタズラをしてみんなで大笑いしたり、なんだか楽しくなりそう。考えるだけで私はとってもワクワクします。

　でもすでにそんな不可能を可能にする道具があるんです。そうした道具のおかげで、からだの不自由な人たちが、これまであきらめていたことをどんどん実現できるようになってきています。足がない人でも競技用義足があることで、とても早く走れたり、手がない人がロボット風のかっこいい義手で目立っちゃったり、みんなが乗ってみたーいと思うような多機能の車いすが出てきたり。

　道具によって、できないことがどんどんなくなる。からだの不自由な人もそうでない人もべんりなくらしができるようになってきています。

　でも、もっともっとべんりな道具や設備が作れるはずです。たとえば、段差があるところに行くのをあきらめていた足が不自由な人も、そこにエレベータやスロープがあれば、行くことができます。そして、それは、足に問題がない人たちにとってもべんりな道具です。

　みんなの町やくらしをよりよくするため、あなたなら、どんな道具があったらいいなと思いますか？　そして、それは、どんな人たちのためになる道具ですか？

　この本では、いろいろなからだをたすける道具を紹介しています。それらの道具を知って、その道具を使っている人たちのことを考えてみてください。

　道具を考えるということは、それを使う人のことを考えること。

　ほかの人のことを考えるようになったとき、べんりな道具も、くらしやすい町も、気持ちのいい社会も「あったらいいな」から、「ある」になるでしょう。

　そうすれば、だれもがにこにこできる未来があるでしょう。

斎藤多加子

もくじ

このいす、タイヤがついてるでしょ。
「車いす」

っていうんだ。

「車いす」は、移動するための道具だよ。
歩くのが大変な人が使うこともあるし、
からだが動かない人も使ったりしているよ。

ぼくの車いすは
自分の手でこぐ
タイプだから
スピードが
いまいちなんだ

自転車を
追いこし
たいなあ

そうだ！
超スピードのロケット車いすにすれば
いいんだ！

まわりに
めいわく
でした……

ゴホゴホッ
おれら、こげるよ

車と同じ

2016年リオパラリンピック車いす陸上400メートルと1500メートルの両方のメダルを持ってる佐藤友祈選手。

パラリンピックでも大活躍！　陸上競技用車いす

陸上競技に使われる「レーサー」とよばれる車いすはなんと時速30キロ以上、下り坂だと50キロ以上のスピードが出せる。これは車と同じくらいの早さだ。

円盤のような後ろの車輪は、軽くてじょうぶなカーボンファイバーで作られている。からだを前に大きくかたむけられるので、空気抵抗が減り、スピードが出せるんだ。車いすと鍛えられた上半身が一体化して、加速できるんだって。

長さは180センチもあるのに、重さはふつうの車いすの半分の8〜10キログラムしかない。

車輪についているハンドリム（12ページ）をたたくように回す。専用の手袋をしないと、手がいたくなるんだ。

スピードの車いす!?

まだまだある！ スポーツ用車いす

スポーツ用車いすは、車輪が「ハ」の字型に内側にたおれているものが多い。その方がターンがしやすく、たおれづらいし、手が車輪に近づくから力を入れてこぎやすいんだ。上半身を動きやすくするため、背もたれが低いのも特徴だ。

テニス

素早いターンのための車輪は「ハ」の字型。転倒防止のキャスタがついている。

サッカー

くるりとターンをしながら、前方に長くのびたフットガードでボールをける電動車いす。

スキー

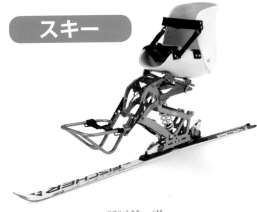

スキーをするための雪上用の車いすで、「チェアスキー」と言うよ。いすの下にサスペンションがついていて、雪の衝撃を吸収するんだ。

ラグビー

はげしくぶつかりあうため、スポークに引っかからないように車輪にスポークカバー（14ページ）がついている。足元には、足を守り、おたがいの車いすが引っかからないようにバンパーもついてるよ。

よーし！
ぼくは、車いすで
シュノーケリング
するぞ

イエーイ
ガンバレ！

ヨイショ
ガンバレ！

車いすは選べるんだよ

生活用の車いすにもいろんな種類があるんだ

車いすを使う人には、いろんな人がいる。手足を動かせない人もいれば、足だけが動かせない人、動かせるけど長く歩くのはむりな人……。くらしかたや年れい、からだの大きさもみんなちがう。

車いすには、いろんな種類があるから、みんな、自分の生活ややりたいことに合ったものを選ぶし、からだのサイズに合っていることも大事だから、成長に合わせても、かえていくんだ。

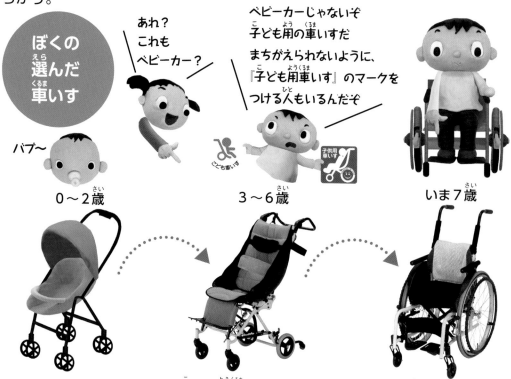

ぼくの選んだ車いす

あれ？これもベビーカー？

ベビーカーじゃないぞ
子ども用の車いすだ

まちがえられないように、『子ども用車いす』のマークをつける人もいるんだぞ

バブ〜

0〜2歳

3〜6歳

いま7歳

ふつうのベビーカー

ぼくは生まれつき歩けないけど、赤ちゃんのときは、車いすじゃなくて、ふつうのベビーカーに乗ってたよ。だって、赤ちゃんはみんな歩けないからね。ただ、人によっては、赤ちゃんのころから、ベビーカーじゃなく、専用の車いすを使う子もいるんだって。

子ども用車いす

ベビーカーみたいだけど、実は素材や構造がまるでちがう。とてもじょうぶにできている分、ベビーカーよりずっと重たいし、かんたんに折りたたんだりできないよ。背中をしっかり支えられるように背もたれも大きめになっているし、ぼくのは、真っ平らにもできてねることもできるんだ。

ちょっと小さいサイズの車いす

車いすは、年れいに関係なく、からだの状態や生活に合わせてかえるんだ。ぼくは、小学校に上がるとき、からだも大きくなったし、学校のなかを自由に動きたかったから、自分でこげる車いすにした。車いすには、いろんな種類があって（13ページ）、人それぞれ自分に合ったものを使っていくんだ。

車いすによって、使い勝手や機能がちがうから選ぶときなやんじゃってさ

ひとつの車いすにいろんな機能があればいいのだけど……

ねられる

早い！

そうだ！変身する車いすがあればいい！

空を飛ぶ！

ボートになる！

あとは土の中だ！地底人に会いに行くぞ！

ドリルに変身する車いすにしたが……

くるちい〜〜
めがまわる〜〜

スゴ〜〜い！ キットに **変身する**

手作りバイク車いす「Troti-e」。myhumankit.org ©Thierry Pasquet

車いすなのにバイク⁉　しかも手作りだ！

　フランスの「My Human Kit」は、必要だと思う「からだをたすける道具」を自分たちで作りだしている団体だ。ふつうの車いすに手作りしたモーター部品をつけて、バイクに変身させちゃった！ 本物のスクーターを解体してモーター部分を作ったんだって。

　どんな車いすにも取りつけられるし、なんと折りたたむこともできる。作り方も公開しているから、だれでも自分で作ることができるんだ。

　自分たちでほしい道具を作って、かっこよく変身できるなんてステキだね。

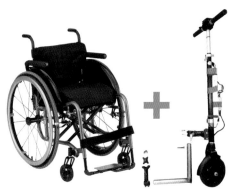

ふつうの車いすにスクーターのモーターを合体させる。モーター部分が車いすを引っぱってくれるんだ。

車いすがあるの!?

ベッドに変身する車いす

車いすを使う人には、足やからだを動かすことがむずかしい人も多いから、車いすからベッドにうつるのも大変だったりする。

これは、ベッドに変身する車いす。

車いすのように見えて、実はベッドの一部なんだ。

ふかふかしたベッドが車いすになって、そのまま移動できるなんてべんりだね。

一見、ふつうの車いす

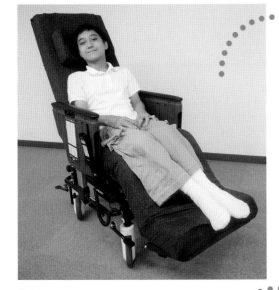

平らになって、

ベッドに近づいて、

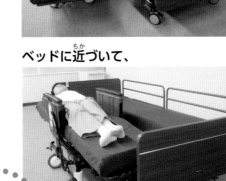

合体!

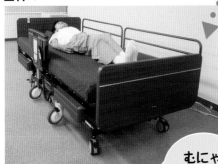

ベッドになっちゃった!

こらぁ！それはちが〜〜〜う！

むにゃむにゃ……
ぼくは、朝ごはんとペットつきベッド車いすで登校だ〜

ぼくの車いすはこん

同じタイプの車いすを外用と家用で使いわけてるんだ

ぼくが乗っているのは、自分でこぐこともできて、人にもおしてもらえる車いすだよ。ぼくは、家のなかでも車いすですごしている。外用の車いすは、タイヤがよごれるから、家に帰ったら、同じタイプの家用の車いすに乗りかえるんだ。外用の車いすは、折りたたんで、玄関に置いておくんだよ。

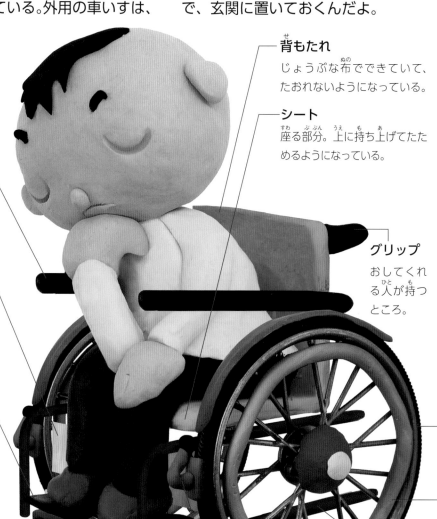

背もたれ
じょうぶな布でできていて、たおれないようになっている。

シート
座る部分。上に持ち上げてたためるようになっている。

グリップ
おしてくれる人が持つところ。

アームサポート
腕をかけるところ。

レッグサポート
足がフットサポートから後ろに落ちないように支えるためのベルト。

フットサポート
足を置くところ。折りたためるようになっていて、車いすの乗り降りをするときなど、開閉できる。

おーい、なんで「考える人」ポーズなんだ？

キャスタ
スムーズに方向転換するための小さいタイヤ。

ブレーキ
車輪を固定して、車いすが動かないようにする。

なだよ

車いすの種類

からだの状態や目的によって、車いすはかわる。

ふつうタイプ 自走式

自分でこげて、おしてももらえる。病気やケガで一時的に使うのもこのタイプだよ。

介助用手おしタイプ

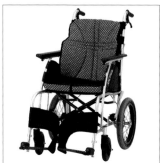

自分ではこがずにおしてもらうもの。車輪が小さく小回りがききやすい。

ティルト＋リクライニング式

背もたれが高いから、しっかり座れない人でも大丈夫。たおせるから、おしりもつかれにくい。

アクティブタイプ 自走式

自分でこぐ。軽くて小回りがきくので動きやすい。ひとりで移動したいアクティブな人向け。

電動車いす

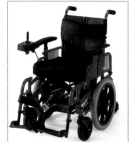

モーターがついていて電気で動く。でもスピードは歩行者と同じくらいしか出ないようになっているから、安全だよ。

車輪

タイヤのついている輪っか。自分でこぐタイプの車いすは車輪が大きい。

ハンドリム

手でこぐための輪っか。

ティッピングレバー

おしてくれる人が足で操作するレバー。段差のあるところをのぼるとき、ここをふんで、キャスタを持ち上げ、乗り上げる。

車いすで困ること

べんりな車いすだけど、まだまだ不便なこともある。

長い時間座っているとつらい

ずっと座っているとおしりがいたくなる。ひどいと、おしりに床ずれができることもあるくらい！ 床ずれ防止の車いす専用のクッションが必要なんだ。

坂道、砂利道がにがて

自分でこぐのはもちろん、人におしてもらってもすごく力がいるので大変。

にもつが顔にあたる

立っている人の肩かけカバンやリュックがぶつかる。

みぞがこわい

道路の脇にある排水溝やふみきりを渡るときの線路など、ちょっとしたみぞでもキャスタがはさまったり、落っこちたりすると自分ではもどせない。

車<ruby>くるま</ruby>いすができるまで

こんにちは
手でこぐのがつかれちゃうんで
楽<ruby>らく</ruby>に移動<ruby>いどう</ruby>できる車<ruby>くるま</ruby>いすに
したいんですけど

電気<ruby>でんき</ruby>で動<ruby>うご</ruby>く
車<ruby>くるま</ruby>いすがあるわよ

←指導<ruby>しどう</ruby>をしてくれる
理学療法士<ruby>りがくりょうほうし</ruby>さん

車<ruby>くるま</ruby>いすを作<ruby>つく</ruby>る業者<ruby>ぎょうしゃ</ruby>さん↑

このごろ
腕<ruby>うで</ruby>の力<ruby>ちから</ruby>が弱<ruby>よわ</ruby>く
なっちゃって

それなら
電動車<ruby>でんどうくるま</ruby>いすに
してみよう

あっても重<ruby>おも</ruby>いわよ
からだに合<ruby>あ</ruby>う
車<ruby>くるま</ruby>いすにしましょ

↑お医者<ruby>いしゃ</ruby>さん

ごっつい
ロボット風<ruby>ふう</ruby>の車<ruby>くるま</ruby>いす
はないですか？

❶希望<ruby>きぼう</ruby>を言<ruby>い</ruby>う

困<ruby>こま</ruby>っていること、どんなふうにし
たいかなどを話<ruby>はな</ruby>し合<ruby>あ</ruby>う。

❷車<ruby>くるま</ruby>いすを選<ruby>えら</ruby>ぶ

からだの状態<ruby>じょうたい</ruby>やサイズを調<ruby>しら</ruby>べたりして、どんな車<ruby>くるま</ruby>い
すがいいのか、いっしょにさがしてもらう。

© Disney

また
数ヶ月後<ruby>すうかげつご</ruby>に
来<ruby>き</ruby>ます
よろしく
お願<ruby>ねが</ruby>い
します

↑車輪<ruby>しゃりん</ruby>につけるスポークカバー。
大好<ruby>だいす</ruby>きなキャラクターやかっこいい
デザインを選<ruby>えら</ruby>んで、自分<ruby>じぶん</ruby>だけのお気<ruby>き</ruby>
に入<ruby>い</ruby>りの車<ruby>くるま</ruby>いすにできるよ。

❸試<ruby>ため</ruby>し乗<ruby>の</ruby>りをする

からだのサイズに合<ruby>あ</ruby>うのはもちろん、正<ruby>ただ</ruby>しい姿勢<ruby>しせい</ruby>を保<ruby>たも</ruby>て
るかどうかが一番重要<ruby>いちばんじゅうよう</ruby>だ。試<ruby>ため</ruby>し乗<ruby>の</ruby>りをして、いすを調節<ruby>ちょうせつ</ruby>
してもらったり、使<ruby>つか</ruby>いづらいところを話<ruby>はな</ruby>したり。作<ruby>つく</ruby>りた
い車<ruby>くるま</ruby>いすが決<ruby>き</ruby>まったら、役所<ruby>やくしょ</ruby>から許可<ruby>きょか</ruby>をもらうよ。

❹色<ruby>いろ</ruby>や付属品<ruby>ふぞくひん</ruby>を決<ruby>き</ruby>める

車<ruby>くるま</ruby>いすを決<ruby>き</ruby>めたら、いすやタイヤの色<ruby>いろ</ruby>を選<ruby>えら</ruby>
んだり、付属品<ruby>ふぞくひん</ruby>が必要<ruby>ひつよう</ruby>かどうか決<ruby>き</ruby>める。

こんにちは

できてるわよ
座（すわ）ってみて

クッションで調節（ちょうせつ）

おしりにかかる力（ちから）を測定（そくてい）して、なるべく楽（らく）に座（すわ）れるクッションを選（えら）ぶよ。

からだが支（ささ）えられず、たおれてきてしまうのを予防（よぼう）するクッション。

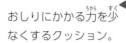

おしりにかかる力（ちから）を少（すく）なくするクッション。

❺フィッティング

注文（ちゅうもん）した車（くるま）いすができてくる。でも少（すこ）しでも気（き）になるところがあれば、修正（しゅうせい）してくれる。クッションなどでも調節（ちょうせつ）するよ。

最終（さいしゅう）チェック！

●正（ただ）しい姿勢（しせい）で座（すわ）れているか

●からだがかたむいていないか

●おしりがすべっていないか

●こしがまがる角度（かくど）はちょうどいいか

●ひざのうらといすの間（あいだ）によゆうがあるか

　……などなど

うん、ぴったり
合（あ）ってるね

THANK YOU

ありがとうございます!!

❻完成（かんせい）！

最後（さいご）にもう一度（いちど）試（ため）し乗（の）りをして、確認（かくにん）して、問題（もんだい）がなければ完成（かんせい）。
使（つか）っているうちに気（き）になるところが出（で）てくれば、車（くるま）いす業者（ぎょうしゃ）さんに調整（ちょうせい）してもらう。

電動車いすでも困ること

手元のスイッチでスピードや方向をコントロールできる電動車いす。腕もつかれないし、多少の段差ならかんたんに乗りこえられるし、移動スピードも距離も上がって、うれしい！　でも、まだまだ困ることもあってさ。

階段の上り下り

階段と坂は最大の難関だ。エレベータがないときは、人に手伝ってもらうけど、電動車いすはふつうの車いすより重たいから、手伝う人も大変なんだ。

せまい道は通れない

電動車いすは、ふつうの車いすより大きいから、せまい道を通るのがもっと大変になった。モノが置いてあって、道がせまくなってしまっているときは、どかしてもらえるとたすかるな。

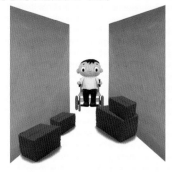

高いところのモノがとれない

買い物に行っても高いところにある商品には手が届かない。代わりにとってくれたらうれしいな。

重たいドアを開ける

車いすに乗ったまま重たいドアを開けるのは大変なんだ。

よっしゃ！
まかせとき！

ありがとう
ぼくもえんりょしないで、
きみらにたのむから、
よろしくな

でも
ひどいデコボコ道や
高い段差は
大変だから……

やっぱり
ひとりでも
どこでも
通れるように
ならないかな

そうだ！
車輪がのびたり、
ちぢんだりする
車いすがあればいいんだ！

スイッチひとつで
車輪がにゅーん！

たすけて〜〜

おしりみないで〜

電池切れが
一番ヤバイ……

えええ〜! ホントに 車いすで

石がごろごろしている川原でも、海辺でも、雪道も、ぬかるんだ牧場もどんどん進めるよ。

山でも川でもオッケー！

　どろどろのデコボコ道もなんなくクリアー。水辺でも大丈夫。雪道もすべらない。そんなアウトドア用の車いすが「アクショントラック」だ。車輪がキャタピラ式でがんじょうで安定していて、まるでロボットを装着しているみたい。

　この車いすがあれば、どんなサバイバルなところへも行けちゃうね。

18

アクションしてる！

パラグライダー専用の車いす

　車いすで空を飛ぶ!?　そんな夢をかなえてくれるのが、安定した離着陸を可能にしてくれた「スカイチェア - X」という車いすを使ったパラグライディング。空飛ぶ車いすってほんとうにあるんだね。

この車いすを開発したソアリングシステムという会社では車いすの人がパラグライダーパイロットになるための訓練もやってるんだって。体験予約は山形バリアフリー観光ツアーセンターまで。

ふつうの車いすでアクションする超人もいる‼

　車やバイクなどの曲芸を見せるアメリカのナイトロ・サーカス。ここには、車いすのアクションスター、アーロン・フォザリンガムさんがいるよ。アーロンさんは、世界で初めて車いすでの後方2回転ジャンプを成功させたギネス記録保持者でもあるんだ。

車いすジャンプのコマ撮り！「ぼくにとって、車いすはスケボーと同じようなおもちゃなんだよ」とアーロンさん。

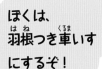

ぼくは、羽根つき車いすにするぞ！

進化する車いす

車いす昇降機がついてる階段も増えてきたけれど、「SCEWO」なら屋外の階段など、昇降機がつけられない階段だって自由にのぼれるんだ。

いいなぁ
私たちも気軽に
乗れる車つきの
いすはないの？

室内を移動するためのホンダのパーソナルモビリティ「UNI-CUB」。からだをかたむけるだけで、そっちの方向に動くんだ。日本科学未来館では体験乗車ができるよ。※体験乗車には身長や体調など利用基準があります。

ついに⁉　階段をのぼる車いす

　車いすを使う人にとって、最大のなやみは階段。それがかんたんに乗りこえられるようになった車いすがあるよ。

　スイスの学生が開発した電動車いす「SCEWO」は、手元のタッチスクリーンとレバーの操作だけで、自動的に階段をのぼりだす。タイヤの内側についているゴム製のキャタピラで、どんな階段にも対応できるんだ。

　さらにボタンひとつでシートの高さも上げられるから、これまでの車いすにあった、高いところのものが自分でとれないというなやみも解決してくれる、まさにこれからの車いすだよ。

一段一段しっかりつかんでキャタピラが角度をつけてのぼる。

平らなところで、キャタピラを持ち上げると、小さなキャスタが出てきて……

シートを水平に保ったまま、からだが持ち上がるんだ。

「パーソナルモビリティ」があるよ

　パーソナルモビリティというのは、ひとり用の移動機器のこと。セグウェイなど立って乗るタイプのものもあるけど、最近ではいすがついていて、座ったまま楽に移動できるものも増えているよ。

　すでに海外ではショッピングモールや空港などで活用されているし、足腰の弱い人や車の運転を引退した高齢者にもニーズが高まってきているんだ。

　未来の道路では、車いすの人もそうでない人もみんなが気軽に乗れる乗りものになっているかもね。

よーし、ぼくらはみんないっしょに乗れる車いすを作るぞ！

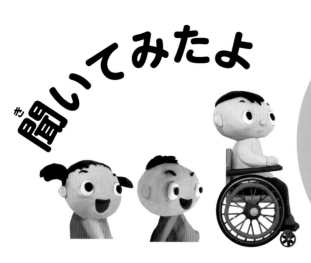

聞いてみたよ

車いすのこと

❶ 寒い〜〜！ 車いすだと座ってるだけだから からだがあったまらなくてさ。

寒くない車いすが あればいいのにね。

❷ あったかいこたつの車いすが あるらしいけど……。

えー、ほんと？ どこで売ってるの？

❸ いや、売ってないんだ。 研究のために 作ったらしい。

オリィ研究所

トントン

カチャッ

見に行ってみよう！

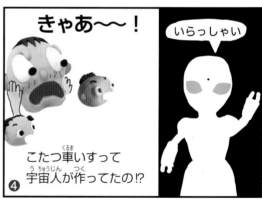

❹ きゃあ〜〜！

いらっしゃい

こたつ車いすって 宇宙人が作ってたの!?

❺ ハハハ、 これは私が作ったロボット、 「オリヒメ」だよ。

ホーッ

❻ 吉藤オリィさんは、 車いすだけでなく、 ロボットも作ってる 研究者だ。

車いすだけを
作ってるんじゃないんですね。

そうだよ。でも私はオリヒメを
「心の車いす」とよんでいるんだ。

❼

オリヒメは、病気などで外に出られない子が
遠隔操作で学校の授業に参加できる
ロボットなんだ。

先生、
また太ったな

先生、
また太ったな

❽

外に出られない子も
オリヒメが分身となって、
心を外に運んでくれるんだ。

❾

それで「心の車いす」かぁ。
本当の車いすは、
どんなのを作っているんですか?

❿

あったらいいな、
と思う車いすを
作ってるんだ。

ゲームコントローラーで動
かす車いす。楽しいだろ?

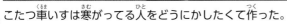

⓫ こたつ車いすは寒がってる人をどうにかしたくて作った。

手足が動かせない人に目だけで操作
できる車いすも作った。

へえー、楽しそう！
私も乗っちゃおうっと。

⑫

あ〜！
歩ける人は乗っちゃ
いけないんだよ！

そうかな？
なぜ歩ける人は車いすに
乗っちゃいけないんだい？

⑬

私にとって車いすは特別なものじゃない。
だから、ときどき車いすに乗って
移動しながら仕事しているよ。

⑭

私はいつも「**なぜ？**」と
考えているんだ。

⑮

なぜ、
もっとべんりな
車いすがないのか？

大変そう……

なぜ、もっとみんなが
うらやましがる
車いすがないのか？

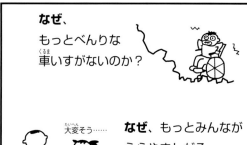

⑯

病気で動けなくても
働きたいと思っている人がいる。
なぜ働きたいのか？
なぜ働けないのか？

⑰

人とつながり
たいからだ。
じゃあ遠隔操作
で働ける
ロボットを
作ろう
と考えたんだ。

⑱

ぼくも、
なぜいっしょに
できないのか？
と思うと……

⑲

じゃあ、どうしたらいっしょにできるのかって考えるよ。

みんなもいっしょにできないのは、いやだよね?

ヤダー

歩けなくたって道具があればみんなとつながる。そのためのべんりな道具を私は開発するよ。

すごい!ぼくらはなにをしたらいいですか?

きみたちは「**なぜ?**」と考えることをわすれずに車いすの人とも心をつないでくれ!

わかりました‼

ちょっとぉ、話聞いてた?

皮をオリヒメに乗せるな!

いやぁ、みかん、ウマかった〜。

人は人と出会う生きものなんだ。
私はこれからも
人と人をつなぐ新しい方法を考え続ける。

吉藤オリィさん
オリィ研究所所長。高校時代に電動車いすを作り、文部科学大臣賞を受賞。対孤独用分身コミュニケーションロボット「OriHime」を開発。趣味は折り紙。

だれでも車いすを体験できる

WheeLog!
（ウィーログ）

ふだん車いすを使っている人も使ったことのない人もいっしょに車いすに乗って街歩きをするイベントがあるよ。参加したい人は事前に予約してね。

参加してみたよ！

車いすに乗って、気がついたことを街情報地図アプリ「WheeLog！」に書きこむよ。

田代裕希くん（小6）

説明を聞いて出発！

なだらかなスロープでもこぐのに力がいるんだ。

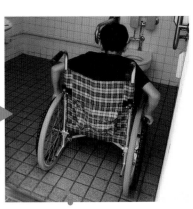

バリアフリートイレ発見

いい情報を見つけたら、アプリに情報を書きこもう。

歩道がせますぎる！

歩いてるだけだとわからない標識や縁石がじゃまなことにも気がつく。

発見したことを話しあう

お店やバスの対応など良かったところや、もっとくふうしてほしい場所を報告しあうよ。

バスに乗る

運転手さんが座席をたたんでくれた！　座席のうらに車いす用のブザー発見！

ありがとうございました

車いすの人の話を聞く

WheeLog！では、車いすに乗ってる人とも知り合うことができる。参加していた戸村愛さんに車いすを使わない人がふだんできることを聞いてみたよ。

駅ではふつうの改札を使ってね

車いす用の広い改札が、すごく混雑してることがあるの。どんどん人が入っていくと、車いすの人が入っていけないから、車いすじゃない人はふつうの改札を使ってもらえたらたすかるな。エレベータも同じ。特に理由がないときは、エスカレータや階段を使ってほしいんだ。

気軽に話しかけて

ジロジロ見られることには慣れてるけど、気になったら、気軽に話しかけてね。車いすの人となかよくしてもらえたらうれしいな。

超人スポーツ協会

テクノロジーを使うことで、人と人とのバリアを超えて、だれもがいっしょに楽しめる、それが「超人スポーツ」。車いすに乗っている人も乗っていない人もみんなで参加できるスポーツゲームだよ。

© 車椅子ボールシューティング

車いすに乗って、空気砲で敵のネットにどれだけ球が入れられるかを競うゲーム。腕や足に力がない人でも、だれでも楽しめることができる。

車いすを使った超人スポーツ

改造した車いすを使うものもあれば、ふつうの車いすでみんなが楽しめるルールを作ったものなど、いろいろな超人スポーツがある。© 一般社団法人 超人スポーツ協会

© 株式会社ワントゥーテン

未来の車いすに乗って、VR でカーレースを味わえるゲーム。実際に車いすの車輪についているハンドリム（12ページ）を回してスピードを競うよ。

Q 車いすでひとりで旅行ってできるの？

A できるよ。三代達也さんは、なんと車いすで世界一周のひとり旅をしたんだ！　石だたみでタイヤがこわれたり、遺跡を見にいったら長い階段があったり、とちゅうでおしりがいたくて熱が出たりしたけど、そのたびに「どうした？」って、手伝ってくれる人がいたんだって。

日本は、建物などのバリアフリー化が進んでいて旅をしやすくなっているけど、声をかけてくれる人は少ないらしい。あいさつでもいいから、おたがいに声をかけあえれば、だれでも楽しく旅ができるようになるね。

アメリカの砂漠。砂地はこぎにくいけど、そばにいた人がおしてくれた。

ギリシャでは初めて会った人が、丸一日手伝ってくれた。

ボリビア・ウユニ塩湖。車いすで空を飛んでるみたい！

たい質問コーナー

Q タイヤがパンクしたらどうするの？

A 自転車やさんで応急処置をしてもらえるんだ。でもきちんと直すには、車いす業者さん（14ページ）にタイヤを交換してもらうしかない。最近では、空気が入っていないパンクしないタイヤも使われはじめているよ。

Q 電動車いすって免許はいるの？

A いらないよ。車いすに乗っている人は、歩行者と同じ。だから、免許なんていらないし、車いすは電動でも歩道を通るものなんだ。ふつうの電動車いすは、速度も時速6キロまでしか出ない。これは、早足の歩行者と同じくらいのスピードだよ。

町でよく見るシニアカーも電動車いすだよ。

Q 車いすに乗っているけど、歩ける人っているの？

A いるよ。ただし、長い距離を歩くのが大変な人が多い。たとえば、心臓病などの病気の人や両足義足の人とかね。

でもこたつ車いす（23ページ）みたいにべんりだから、すてきだから、という理由で車いすに乗る人もこれからは出てくるかもしれないね。

あったらいいな、
いっしょに楽する
車いす

Q 車いすをおすとき、気をつけることはある？

A まわりに注意しながらおしてね。大事なポイントはつぎの4つだよ。

いきなりだまっておさない

いきなり車いすが動くと、乗ってる人はとてもおどろくし、こわい。声をかけてからおそう。

急発進、急停止、急旋回はやめて

乗ってる人がいすから落ちたり、首をいためたりすることがある。おしはじめるとき、止まるとき、方向をかえるときはスピードを落としてね。

坂を下りるときは後ろ向き

坂を下りるときは、いきおいがついたり、乗ってる人が転がり落ちたりしないよう、後ろ向きにしてゆっくり下りよう。

段差のときは声をかけて

段差をのぼるときはティッピングレバー（12ページ）をふんで前を持ち上げてあげる。でもいきなり持ち上がるとこわいから、ひと声かけてあげてね。

通れるように、
にもつ、どけるよー

ありがとう
そういう気持ちが
一番うれしいな

あったらいいな、いろんな車いす

きみなら、
どんな車いすを作る？
車いすのこと、
いっぱい知って考えてね。

●著者

斎藤多加子
さいとう た か こ

粘土絵作家。肢体不自由児の母。著書に『なっちゃうかもよ』『ほんとうになっちゃうかもよ』（共に
PHP 研究所）がある。

●編集
岩井真木

●デザイン
芝山雅彦（スパイス）

●取材協力
佐藤友祈／日本パラ陸上競技連盟／日進医療器株式会社／Power Soccer Shop／Melrose Kiwi Concept chairs
別役訓子／mon mignon pêche／一般社団法人 mina family／My Human Kit／パナソニック エイジフリー株式会社
アビリティーズ・ケアネット株式会社／ヤマハ発動機株式会社／アイ・ソネックス株式会社
有限会社サポートマーケティングサービス／山形バリアフリー観光ツアーセンター／ソアリングシステムパラグライダースクール
Aaron "WHEELZ" Fotheringham／nitro circus USA／SCEWO／本田技研工業株式会社／日本科学未来館
株式会社オリィ研究所／一般社団法人 こどもエンターテインメント 三浦岳大／安西祐太／一般社団法人 WheeLog
田代裕希／戸村愛／一般社団法人 超人スポーツ協会／三代達也／株式会社セリオ

●撮影協力
山田結花

●参考文献
吉藤健太朗（2017）「『孤独』は消せる。」サンマーク出版
吉藤オリィ（2019）「サイボーグ時代」きずな出版
三代達也（2019）「一度死んだ僕の、車いす世界一周」光文社

この本に掲載されている情報は2020年3月のものです。

楽しく知ろうバリアフリー　からだをたすける道具
たの し　　　　　　　　　　　　　　　　　　　　 どう ぐ

あったらいいな、こんな車いす
くるま

2020年3月　初版第1刷発行
2021年5月　初版第2刷発行

著　　斎藤多加子
発行者　小安宏幸
発行所　株式会社汐文社
　　　　〒102-0071　東京都千代田区富士見1-6-1
　　　　TEL 03-6862-5200　FAX 03-6862-5202
　　　　URL https://www.choubunsha.com
印　刷　株式会社暁印刷
製　本　株式会社暁印刷

ISBN 978-4-8113-2661-0